Mücki und Max

Die schönsten Kinderwitze

Herausgeber:
Mücki & Max ist eine Zeitschrift für Leseanfänger von sechs bis acht Jahren.
In der Redaktion wurden die Texte für dieses Buch gesammelt.

Illustrator:
Wilfried Gebhard lebt und arbeitet im Schwäbischen.
Nach dem Grafikstudium in Stuttgart war er zunächst in der Werbung tätig,
danach arbeitete er als Cartoonist und Illustrator für
Magazine, Zeitschriften, Cartoon- und Kinderbuchverlage
sowie das Kinderfernsehen.

Mücki und MAX

Die schönsten Kinderwitze

EDITION BÜCHERBÄR

In neuer Rechtschreibung

***

1. Auflage 2007

In anderer Ausstattung bereits 1997 beim Verlag erschienen

Einband und Innenillustrationen von Wilfried Gebhard
Gesamtherstellung: Westermann Druck Zwickau GmbH
ISBN 978-3-401-09239-3

www.arena-verlag.de

Tierisch lustig

Zwei Schnecken gehen
über die Landstraße.
Da sagt die eine zur anderen:
„Schalte einen Gang runter!
Da vorn ist eine Radarfalle.“

Nachdem der Hai den Windsurfer
aufgefressen hat, sagt er:
„Prima Futter,
mit Serviette und Frühstücksbrett!“

Zwei Spatzen sehen
ein Flugzeug vorbeifliegen.
„Der hat es aber eilig“,
meint der eine Spatz.
„Kein Wunder,
wenn einem der Hintern brennt.“

Der kleine Wanderzirkus
hat sein Zelt aufgeschlagen.
Plötzlich beginnt es zu regnen.
„Holt schnell das Zebra rein“,
ruft der Direktor aufgeregt,
„es ist frisch gestrichen!“

Zwei Pinguinkinder unterhalten sich:
„Fein, heute haben wir
nur zehn Grad unter null.
Vielleicht bekommen wir ja
hitzefrei!“

Ein Ameisenstamm
überfällt einen Elefanten.
Der Elefant schüttelt
die kleinen Tiere mit Leichtigkeit ab.
Nur eine Ameise klammert sich
tapfer an seinem Hals fest.
Die anderen rufen:
„Bravo, Erwin! Erwürg ihn!"

Der kleine Tiger soll das erste Mal
im Zirkus auftreten.
Ängstlich fragt er einen alten Tiger:
„Warum starren uns
die Leute so an?"
„Keine Angst", sagt der alte Tiger.
„Die sind alle hinter Gittern."

Der Dompteur hält
einen erloschenen Feuerreif
in der Hand.
Vorwurfsvoll sagt er zu dem Löwen:
„Du sollst springen, nicht pusten!“

Was passiert,
wenn zwei Tausendfüßler
sich umarmen?
Es gibt einen Reißverschluss.

Zwei Mäuse sitzen nachts
am Fenster.
Eine Fledermaus fliegt vorbei.
Sagt die eine Maus:
„Schau mal, ein Engel!“

Im Urwald spielt ein Geiger.
Alle Tiere hören andächtig zu.
Da kommt ein Löwe
und verschlingt den Geiger.
„Warum hast du das getan?“,
fragt der Gorilla.
„Er hat doch so schön gespielt!“
Der Löwe legt die Pfote an sein Ohr
und fragt:
„Wie bitte?“

Zwei Hühner schauen sich
Eierbecher an.
Da sagt das eine Huhn:
„Das sind aber
schöne Kinderbetten!“

Eine Schlange fragt:
„Bin ich eigentlich giftig?“
Darauf die andere Schlange:
„Warum willst du das denn wissen?“
„Ich habe mir gerade
auf die Zunge gebissen!“

Familie Frosch
trifft auf ihrem Ausflug
einen Storch.
„Wau, wau, wau!“,
bellt die Froschmutter.
Der Storch fliegt sofort davon.
„Seht ihr, Kinder“,
meint die Froschmutter,
„Fremdsprachen
kann man immer
gut gebrauchen!“

Der kleine Hase fragt:
„Wie ist das, Mama?
Der Storch bringt
die Menschenkinder.
Aber wie bin ich
auf die Welt gekommen?“
Die Hasenmutter antwortet:
„Der Zauberer hat dich
aus dem Hut gezogen!“

Die Spatzen freuen sich:
„Bald ist Ostern.
Dann verstecken
die Gärtner Körner
in der Erde.
Und wir dürfen sie suchen!“

Eine Schlange hat Bauchweh.
Sie jammert:
„Ich hätte den Mann
ohne das Fahrrad fressen sollen!“

Eine Katze und eine Maus
beim Bäcker:
„Ein Stück Käsekuchen, bitte!“,
piepst die Maus.
„Und was möchten Sie?“,
fragt die Verkäuferin die Katze.
„Ich nehme die Maus – mit Sahne!“

Zwei Hunde laufen
durch die Eiswüste.
Da sagt der eine Hund:
„Wenn nicht gleich ein Baum kommt,
mache ich in die Hose!“

Mama, Papa, das war ein Witz!

Pit geht mit seinem Vater
in den Tierpark.
Vor dem Affenkäfig sagt Pit:
„Schau mal, Papa,
der alte Affe sieht aus
wie Onkel Klaus.“
„Aber Pit,
so was sagt man nicht.“
„Warum? Der Affe versteht das
doch gar nicht.“

Es klingelt an der Tür.
Kevin geht hin und öffnet.
„Mami“, ruft er.
„Da sammelt jemand
für das neue Schwimmbad.“
„Na gut“, ruft die Mutter zurück.
„Gib ihm zwei Eimer Wasser!“

„Na, Tom“, fragt der Papa.
„Was bekommt denn
dein kleiner Bruder
von dir zum Geburtstag?“
„Weiß noch nicht“, sagt Tom.
„Letztes Jahr hat er jedenfalls
die Windpocken von mir
bekommen.“

„Mutti, wo sind eigentlich
die Mücken im Winter?"
„Keine Ahnung!
Aber ich wünschte mir,
da wären sie auch im Sommer!"

Claudia wünscht sich
zu Weihnachten ein Schlagzeug.
Die Mutter fragt:
„Und wie soll ich
bei dem Krach arbeiten?"
„Na gut", verspricht Claudia.
„Dann spiele ich eben nur,
wenn du schläfst."

„Aber Julia, warum hast du
deinen Teddybären
in den Kühlschrank gelegt?"
„Ich möchte einen Eisbären
aus ihm machen!"

Der Vater erzählt:
„Damals im hohen Norden wurde ich
von acht Wölfen angefallen . . ."
Lea unterbricht ihn:
„Aber Papa, das letzte Mal
hast du mir nur
von vier Wölfen erzählt!"
„Da warst du noch zu klein
für die ganze Wahrheit!"

„Na, Robby, hast du
schon etwas gefangen?“
„Ich angele gar nicht, Mama.
Ich will nur testen,
ob deine Armbanduhr
wirklich wasserdicht ist.“

Der kleine Lars nimmt eine Katze
auf den Arm und streichelt sie.
Sofort fängt die Katze an
zu schnurren.
Lars ruft erschrocken:
„Papa, wo kann ich sie ausschalten?“

Beim Zoobesuch
sagt der Vater besorgt:
„Geh sofort von den Löwen weg!"
Katja ist empört:
„Wieso, Papa,
ich tue ihnen doch gar nichts."

„Tommy", schreit die Mutter.
„Eben habe ich
in deiner Hosentasche
einen lebenden Frosch gefunden!"
„Was", erschrickt Tommy,
„die Mäuse sind nicht mehr drin?"

Der Vater ist entsetzt:
„Was spielt ihr denn da?"
„Doktor!"
„Und was macht Hanna
oben auf dem Schrank?"
„Die haben wir zur Erholung
in die Berge geschickt."

Vater kocht in den Ferien
für die Familie.
Am dritten Tag fragt Felix:
„Hast du das Kochen
beim Fernsehen gelernt?
Dort gibt es auch immer
Wiederholungen."

Leon sagt zu seiner Mutter:
„Schau mal, die Frau dort.
Warum hat die
so rot angemalte Zehen?“
Die Mutter antwortet:
„Damit ihr keiner darauftritt.“

Helen sitzt am Computer.
Ihr Vater schaut ihr von hinten
über die Schulter.
Sie sagt zu ihm:
„Das ist nun wirklich
zu kompliziert für dich, Papa.
Spiel lieber mit der Eisenbahn!“

„Heute haben wir
mit Computern gerechnet“,
erklärt Johannes stolz.
„Glaubst du, das könnte ich auch?“,
fragt seine Mutter.
„Bestimmt!
Probier es doch einfach mal:
Wie viel ist fünf Computer
plus acht Computer?“

Der Vater ist ärgerlich:
„Wie ist das denn möglich!
Sechzehn Fehler
in diesem kurzen Diktat!?“
Ina antwortet ganz ruhig:
„Das liegt bloß
an dem neuen Lehrer.
Der sucht wie verrückt.“

Das lachende Klassenzimmer

„Wer weiß, warum es in Holland
so viele Windmühlen gibt?“,
fragt der Lehrer.
„Ich weiß es“, ruft Nina,
„damit die Kühe
immer frische Luft haben.“

Die Lehrerin erklärt:
„Pilze wachsen
an feuchten Stellen im Wald.“
„Aha“, sagt Andy,
„deshalb sehen sie aus
wie Regenschirme!“

Die Kinder haben Sport.
Alle warten auf Lars.
Der Lehrer ruft
in den Umkleideraum:
„Lars! Hast du endlich
deine Turnschuhe an?“
„Ja“, schallt es zurück,
„alle – bis auf einen!“

„Wie alt bist du?“,
fragt der Lehrer Nikolas.
„Sechs!“
„Und was möchtest du mal werden?“
„Sieben!“

Die Lehrerin fragt:
„Wie nennt man
einen Menschen, der stiehlt?“
„Ich weiß es nicht“, sagt Anna.
„Überleg mal:
Wenn ich meine Hand
in deine Jackentasche stecke
und ein Zweieurostück herausziehe,
was bin ich dann?“
„Eine Zauberin“, antwortet Anna.

Janina sitzt in der Klasse
und hat eine Rotznase.
Der Lehrer fragt sie:
„Hast du kein Taschentuch?“
„Doch“, sagt Janina.
„Aber ich leihe es Ihnen nicht!“

„Was ist dein Vater von Beruf?“,
will die Lehrerin wissen.
„Er ist Zauberkünstler“,
antwortet Daniel.
„Und was verzaubert er?“
„Er zersägt Jungen in einer Kiste.“
„Ist das denn nicht schwer,
solche Jungen zu finden?“
„Aber nein, ich habe ja zu Hause
noch vier Halbbrüder.“

Alex geht in die erste Klasse.
Die Briefträgerin fragt:
„Kennst du schon das Abc?“
„Na klar, schon bis hundert.“

Sarah steht vor der großen Tafel.
Sie soll eine Aufgabe lösen.
Ratlos dreht sie sich zum Lehrer um
und sagt:
„Immer wenn ich auf die Tafel gucke,
wird mir ganz schwarz vor Augen.“

In der Schule fragt die Lehrerin:
„Kannst du mir sagen,
warum Fische stumm sind?“
Anna antwortet vorwurfsvoll:
„Können Sie denn reden,
wenn Ihr Kopf unter Wasser ist?“

Der Lehrer fragt:
„Welcher Vogel baut kein Nest?"
Susanne sagt:
„Der Kuckuck."
„Und warum nicht?",
fragt der Lehrer.
„Na, weil er in einer Uhr wohnt."

Lehrerin:
„Ich hoffe, dass ich dich nicht mehr beim Abschreiben erwische!"
Katrin:
„Das hoffe ich auch!"

„Igitt! Carla!“,
ruft die Lehrerin.
„Was hast du bloß
für dreckige Hände!“
Carla strahlt und antwortet:
„Das ist noch gar nichts.
Da müssten sie erst mal
meine Füße sehen.“

„Hast du keine Ohren?“,
schimpft der Lehrer.
„Wie oft muss ich dir sagen,
dass du nicht ständig
mit den Beinen zappeln sollst?“
Micha brummelt:
„Und wie soll ich bitte
mit den Ohren zappeln?“

Der Lehrer fragt:
„Glaubt ihr, dass der Mond
bewohnt ist?“
Alina antwortet sofort:
„Selbstverständlich!
Es brennt ja Licht da oben.“

„Du hast gestern
wieder gefehlt, Ingo“,
sagt der Lehrer.
„Wo ist deine Entschuldigung?“
„Meine Mutter weiß
noch nicht so recht,
was sie schreiben soll.
Sie knobelt noch dran.“

„Wie viel wiegst du?“,
fragt der Lehrer.
„Fünfunddreißig Kilo mit Brille“,
sagt Ken.
„Wieso mit Brille?“
„Weil ich ohne Brille
die Waage nicht ablesen kann.“

Der Lehrer fragt:
„Was ist flüssiger als Wasser?“
Sascha:
„Hausaufgaben.“
„Warum das denn?“
„Weil sie überflüssig sind.“

Lara zu ihrer Freundin:
„Gestern hat unsere Lehrerin den Micha heimgeschickt.
„Warum denn?“
„Weil er sich nicht gewaschen hatte.“
„Und, hat es was genützt?“
„Ja, heute haben sich schon sieben aus unserer Klasse nicht gewaschen!“

„Das war doch deine Lehrerin.“
„Ja.“
„Und warum grüßt du sie nicht?“
„Jetzt? In den Ferien?“

Mit Tränen in den Augen
steht Max vor seinem Lehrer:
„Ich finde auch nicht gut,
was Sie machen.
Aber renne ich
deswegen immer gleich
zu Ihren Eltern?“

Eine Schulklasse steht im Museum
vor einem riesigen Gerippe.
„Das ist das Skelett
von einem toten Mammut“,
erklärt die Lehrerin.
Max ist erstaunt.
„Dann kommen also nur das Fleisch
und der Speck in den Himmel?“

Verrückte Welt

Eine Frau sagt zu einem Mann:
„Entschuldigen Sie,
aber Ihr Hund hat eben jemanden
auf einem Fahrrad gejagt.“
„Das ist doch lächerlich“,
antwortet der Mann.
„Mein Hund kann gar nicht
Fahrrad fahren.“

Die Nachbarin sagt zu Tim:
„Ich habe dich eben beobachtet.
Du hast meinem Schäferhund
die Zunge rausgestreckt!“
„Das stimmt“, sagt Tim.
„Aber Ihr Hund
hat damit angefangen.“

„Was ist ein Wiedehopf?“,
fragt Nils seine Schwester.
„Das ist ein kranker Fisch.“
„Aber hier im Buch steht:
Der Wiedehopf sprang
von Baum zu Baum.“
„Na also, da siehst du ja selbst,
wie krank der Fisch ist.“

In der Kirche liegen
ein paar Schlittschuhe.
„Wem gehören die denn?“,
fragt der Pfarrer
den jüngsten Messdiener.
„Na, wahrscheinlich
den Eisheiligen!“

Ein Ritter schläft unter einem Baum.
Da kommt ein Löwe vorbei.
„Igitt, schon wieder Dosenfutter!"

„Ein Mann will unbedingt
zum Zirkus.
Er sagt zum Zirkusdirektor:
„Ich kann einen Vogel nachmachen!"
Der Zirkusdirektor lehnt ab:
„Das ist ja langweilig!"
„Na gut", sagt der Mann
und fliegt aus dem Fenster.

Im Blumenladen hängt ein Schild
„Lasst Blumen sprechen!".
Nina geht hinein und verlangt:
„Ich möchte einen Kaktus,
der Nein sagen kann!"

Tina saust mit dem Fahrrad
um die Kurve.
Dabei fährt sie beinahe
eine alte Frau um.
Die Frau schimpft:
„Kannst du nicht klingeln?"
„Na klar", sagt Tina,
„aber ich wollte Sie
nicht erschrecken!"

„Herr Ober, im Apfelkuchen
ist kein Stückchen Apfel!“
„Na und? Im Hundekuchen
sind ja auch keine Hunde!“

Philipp ist zum ersten Mal
auf dem Bauernhof.
Lange schaut er den Kühen
beim Wiederkäuen zu.
Dann meint er:
„Es ist sicher ganz schön teuer,
so große Tiere mit Kaugummis
zu versorgen!“

„Na, wie war es in Italien?“
„Es war wunderbar.“
„Und wie fandet ihr
die Hauptstadt Rom?“
„Ganz einfach!
Wir hatten ja eine Straßenkarte
dabei.“

„Warum schlüpfen die Küken
aus den Eiern?“
„Vermutlich, weil sie Angst haben,
gekocht zu werden!“

„Geige mag ich viel lieber
als Klavier!“
„Sind Sie Musiker?“
„Nein, Möbelpacker!“

Die Trompeterin
sagt zu ihrer Freundin:
„Seit einer halben Stunde
spiele ich Schlaflieder,
aber das Kind schläft
immer noch nicht!“

Auf einer Schiffsreise
fragt Lara den Kapitän:
„Geht so ein Schiff
öfter mal unter?“
Der Kapitän lacht:
„Nein, nur einmal.
Und dann bleibt es meistens unten!“

„Hattest du die Grippe
auch so schlimm?"
„Viel schlimmer,
ich hatte sie in den Ferien!"

„Herr Ober,
haben Sie kalte Rippchen?"
„Nein, ich trage immer
warme Pullover."

Timmy saust mit seinem Fahrrad
die Straße entlang.
Er übersieht einen Stock,
und schon liegt er auf der Nase.
„Bist du gestürzt?",
fragt eine Dame erschrocken.
„Nein", knurrt Timmy.
„Ich steige immer so ab."

„Wie war denn dein Urlaub?“
„Furchtbar.
Die ganze Zeit hat es nur geregnet.“
„Aber du bist doch ganz braun.“
„Das ist der Rost!“

Inhalt

Der Bücherbär
Erstleser

Erhard Dietl,
Patrick und der Meisterkicker
978-3-401-09233-1

Ulrike Kaup,
Ein neues Pony auf dem Hof
978-3-401-09234-8

Anne Steinwart,
Anna und die ABC-Hexe
978-3-401-09235-5

Achim Bröger,
Jakobs Zauberhut – Was für ein Schultag!
978-3-401-09236-2

Christian Bieniek,
Karo Karotte - Starke Mädchen
halten zusammen
978-3-401-09232-4

Isabel Abedi,
Käpten Klonk und seine Piraten
978-3-401-09237-9

Bernhard Haage,
Lisa und die Himbeervampire
978-3-401-09238-6

Christa Zeuch,
Zusammen sind wir stark
978-3-401-09240-9

KNISTER,
Hexe Lilli feiert Geburtstag
978-3-401-09241-6

Jeder Band: 56 oder 72 Seiten.
Ab 6/7 Jahren. Gebunden.

www.arena-verlag.de

EDITION BÜCHERBÄR